이팝나무의 추억

서정문학대표시선 · 47

이팝나무의 추억

발　　행 | 2019년　3월　28일
저　　자 | 김동석

편　　집 | 디자인그룹 여우비
펴 낸 곳 | 도서출판 서정문학
펴 낸 이 | 차영미
주　　소 | 서울시 강동구 성안로31다길 8(천호동), 101호
전　　화 | 02-720-3266　F A X | 02-6442-7202
홈페이지 | http://cafe.daum.net/seojungmunhak.com
이 메 일 | sjmh11@hanmail.net
등　　록 | 2008. 3. 10 제324-2014-000060호

ISBN 978-89-94807-77-5 03810
정가 10,000원

* 이 도서의 국립중앙도서관 출판예정도서목록(CIP)은 서지정보유통지원시스템 홈페이지(http://seoji.nl.go.kr)와 국가자료종합목록시스템(http://www.nl.go.kr/kolisnet)에서 이용하실 수 있습니다. (CIP제어번호 : CIP2019010173)

서정문학대표시선 · 47

이팝나무의 추억

김동석 시집

시인의 말

아름다운 꽃들이 희희낙락하는
청춘 시절 봄!

세월은 가도
봄의 전설은 남는 것,

내 인생에도
봄이 다시 오라고!

이 시를 읽는 모든 이에게
행복의 꽃들이 화사하게
피어나길 소망합니다.

이 한 권의 시집이 나오기까지
수고로움을 아끼지 않으신
모든 분들께 감사드립니다.

| 목차 |

1
부

누이의 카톡

아침 햇살 여문 시간
칠순의 고운 누이가 보낸
카톡으로 내 휴대폰이
시화가 둥지를 틀고
아름다운 꽃을 피운다

열아홉 봄날로 돌아가고픈
황혼의 날갯짓인가
적적함이 눈처럼 쌓여
고독을 쓸어 내는 몸짓인가

보면 젊어지는 나무
향기 맡으면 즐거워지는 꽃
읽으면 행복한 시
고운 단풍잎에 접어
보내드리고 싶다

이팝나무의 추억

이팝나무에 흰 쌀이 주렁주렁
올해는 이 밥에 고깃국

입이 화들짝 호강 한 번 하려나
자갈논 모내기에

이팝나무 차진 쌀밥이
따스한 봄볕에 수북이 튀겨지고 있다

엄마의 주름진 얼굴에
해맑은 웃음이 앉아 있다

꽃무릇

꽃무릇이
흐드러지게 피어난
가을 언덕에

바람이 전하는 애달픈 사연
청자빛 하늘에
꽃무릇 붉은 촉으로
주홍글씨를 쓴다

영원히
만날 수 없는
상사화의
슬픈 인연을

엄마와 고추

한여름 뙤약볕에
선홍빛으로 붓칠한 듯
마당에 고추가 익어간다

엄마는 등에 붙은 해가
서산에 황금빛 수채화가 걸리도록
바람이 땀방울을 훔칠 때까지
거북등의 갈라진 손으로
태양초에 눈물 달래며
배가 등에 달라붙는 것도 잊고
고추와 씨름한다

태양초 판 돈은
막내둥이 등록금으로
날개 달고 날아가고
엄마의 빈 손에는

태양초 매운맛만
여름내 둥둥 떠 다닌다

한밤의 명상

정좌하고 앉아 눈 감으면
온갖 상념이 머리에 떠돈다
초라한 내 마음의 몰골에
하늘을 볼 수 없고
땅을 밟지 못한다
밖은 어둠이 밀려오고
풀벌레 소리뿐
고요하기만 하다
상념에 빗장 걸고
좁은 마음의 공간을 열어
삶의 본질에 화두를 던진다
시간이 흐르던 어느 찰라
아무도 모를 이상향의
깊은 평온에 안착 한다
산다는 건 죽지 않는 것이고
죽는다는 건
살아있는 모든 것은

세월 가면
왔던 자연으로 되돌아 가는 것
말 못하는 자연이 말한다
욕심은 버리고
모든 걸 내려놓으라고
지금, 이 순간이 극락이다

빈집

마당에 풀들이 제 세상인양
서로 키 크기 경쟁을 하고

마루는 세월의 두께만큼
켜켜이 쌓인 먼지
추억을 삭히고

옹기종기 둘러앉아
윷놀이 하던 사랑방은
을씨년스런 창호지문이
시신처럼 널브러져 있다

아궁이는 거미줄에
까만 주검들을 달고
검은 먼지만 토해내고

살찐 곡물을 쪄내던 솥단지는

시뻘건 녹이 피처럼 흐르고

인적 끊긴 뜨락 단풍나무는
주인이 새색시 적 즐겨 입던
고운 색동옷 갈아입고

붉은 눈물 흘리며
오지 않는 주인을
하염없이 기다리고 있다

가을 편지

해맑은 강물은
자연이 빚은 길 따라
굽이굽이 흐르고

햇살 품은 강물에 은나비떼
은빛 날개 하늘거리는 강기슭에
눈부시게 빛나는 갈대는
갈바람이 불러주는 분홍빛 사연
허공에 은빛 붓으로
가을 편지를 쓴다

지난 시절
아름다운 가을 사랑에게

하얀 그리움

청솔에 그리움이 걸려
온 밤 흰 별꽃 되어
반짝이더니
햇살의 날갯짓에
흰 눈물 흘리고

하늘이 그 눈물 거두어
은하수 강가에 흩뿌리면
하얀 그리움은
긴 별똥별 되어
산 너머 청솔에
다시 주렁주렁 걸리고

그리움은
시가 되어
폭포수 되어 쏟아진다

꽃잎 아이

오래된 책갈피에
꽃잎 얼룩이 일어선다
연분홍 꽃잎은 날리는데

꽃잎 닮은 그 아이에게
꽃잎 편지를 쓴다

반송된 꽃잎은 바스러지고
휑한 바람에 또, 꽃이 진다

올 봄에도 꽃 진 자리에
초록 눈망울 영롱하건만
동그란 원에 갇힌 추억은
그 아이 얼굴을 기억하지 못한다

봄날은 서산에 설핏 노을
아스라이 걸어놓고

가슴에 묻은 파랑새 하나
서녘 하늘 맴돌아간다

겨울강의 비상

얼음으로 빗장 건 강은
가는 겨울이 아쉬워
밤새 울고 있었다

얼음꽃으로 물든 강가에
남풍이 불어오면
만삭의 몸을 푼 강물

강가 버들강아지
하얀 손 흔들어
겨울을 떠나보내고

들꽃들이 하나 둘
화사한 꽃등 밝히면
봄강은 푸른 몸으로 기어간다

여름 들녘

풀잎에 걸린 이슬너머
풀벌레의 싱그러운 교향악

잠자는 새벽을 깨우는
산들바람 하모니

물안개가
무채색으로 그려낸
수묵화 병풍 앞에
싱그러운 꽃잎의
수수한 춤사위

여름 들녘 푸른 생명
아침을 여는 햇살의
붉은 입맞춤에
영롱한 초롱 눈 반짝인다

노을

눈부신 태양꽃이
불타는 바다

알알이 부서져 내린 빛
바닷물에 몸을 누이고
금 비늘 붓으로
아름답게 그려낸
황금빛 수채화

어두움이 몰고 온
시간의 늪에
처연히 날개 접는
붉은 노을

주물공단

이십 여 년 전 주물공단 저녁 길에는
자동차 꽁무니에 붉은 장미꽃이
만발하던 시절이 있었다

지금 그 저녁 길에는
자동차도 붉은 장미꽃도
사라져 간 옛 추억이 되었다

공장에는 밤마다 붉은 꽃가루
물처럼 흘러 주물제품이
산을 이룬 적이 있다

지금 그 곳에는
검은 망토 걸친 바람이
흙먼지만 날리고
용해로에는 거미줄친지 오래다

겨울강의 추억

사랑이 시린 눈밭에 뒹굴고
차디찬 눈망울에
슬픈 미소가 일렁인다
굳게 빗장 건 얼음 위로
추억어린 강변을
텅 빈 대만 서걱거리는
갈대숲을 걸어간다
흩어진 추억이 바람에 나부낀다
파란 하늘에 얼굴 하나
구름 속에 스러지고
언 강이 심장을 가르며
고요한 새벽을 깨우면
추억은 눈 쌓인 강 건너에
긴 지평선을 그으며
노래되어 일어선다
하얀 그리움이 언 강에
고운 봄빛 내려앉으면

강나루에 물망초 피어
하늘하늘 손짓 하련가

볏짚

아카시아 꽃비 내리는
아름다운 시절이 오면
벼꽃은 머리에 노란 물들이고
푸른 알곡을 잉태한다

가을날 화려한 단풍의
소풍이 시작되면
줄기는 속을 비워
모든 걸 알곡에 내어 준다

알곡이 황금투구를 쓰면
줄기는 갈색 빛으로 야위어만 가고
핏빛 단풍잎에 바람의 춤이 끝나면
시퍼런 낫에 목을 내어 준다

볏짚은 알곡이 털리면
흰 향불 피우고

혼불은 하늘로
주검은 흙으로
분신공양 한다

군함도

바다 한 가운데
군함처럼 떠있는 섬
군함도

억압의 장승으로 서 있는
핏빛으로 녹슨 철 대문
갈매기도 떨고 가는 섬

원혼들의 아우성
포말로 부서져 울리는
군함도 바닷가에
해무가 덮고 간다
섬의 아픈 상처

세계 유산이 웃는다
참회의 푸른 빛을
쏘아 올리고 오라고

사군자

홍매화
아리따움
삭풍에 고고하고

난의 촉
만지면 베일 듯
시퍼런 날 세우고

흰 국화
진한 향기에
숨이 멎는다

대나무
꼿꼿한 기상
하늘을 찌르고
마침내
청룡이 승천한다

2부

맑은 마음

가을빛
곱게 바스러지는
산사 황혼녘

스산한 골바람에
수북이 쌓이는
물욕의 찌꺼기

기러기 청산 가는 길에
얹어 보내고
맑은 물 한 두레박
흩뿌려 주소서

만추

맑은 가을 하늘
한 조각 베어 만든
푸른 캔버스에

붉게 익은 단풍잎 하나
샛노란 국화 한 송이
수수한 집 한 채
소소하게 그리고

자연이 빚어낸
진한 가을향기 한 방울
성성한 갈대꽃으로
마지막 정점을 찍었다

살아있는 실물화
갈잎 액자에 담아
늘 곁에 두고 싶은데

어느덧, 세월은 서산에 걸린
가을 황혼을
등 떠밀고 있었다

가슴앓이

들창 가 하얀 찬 서리
하늬바람에 눈물 흘리는 밤

순결한 새하얀 손길로
수수한 신부의 어여쁜
민낯으로 다가와
유정의 푸른 등불이
깜박이는 것은
아직 식지 않은 가슴앓이

이상향의 숨결을 보듬으려
지난날 푸른 초원에 흩뿌린
한 알의 씨앗에 미련이 남아
소망의 촛불 하나 켜지만
꺼져버린 심지에 힘없는 연기만
한 움큼 피었다 지고

은하수 별들이 몸을 섞어
은빛바다를 출렁이던 밤
아카시아 향기너머
잿빛 하늘을 가르던
쌍무지개 뜨던 봄날이
아직도 눈에 밟히는데

이젠 추억속의 나를 지우고
기억속의 너를 내려놓는다

암자 가는 길

창포 빛 하늘이 내려앉은
노승의 등줄기처럼 굽은 산길

단아한 봇짐 하나 메고
노을빛으로 타는 단풍이
병풍을 두른 산 중턱에 걸린
암자 가는 길

산새들 맑은 하모니
잔잔히 흐르는 길모퉁이에
잠자던 애기단풍
소슬바람에 불나비 되어
지친 어깨에 쌓인 번뇌
정갈히 씻어준다

야윈 가지에
아스라이 걸린 단풍은

지난 여름 푸르던 날
산새들 도란대던 나무에
황혼이 밀려오면
마지막 이별 춤사위
허공을 자맥질하다
빙그레 지켜보던
지장보살 가사에
선홍빛 단풍 물들이고 간다

참선

여물지 못한 화두
목선에 싣고 파도에 떠돌다
기암괴석 병풍 두른
바람이 쉬어가는 모퉁이에
닻을 내리고
풀리지 않는 화두를 맞추어 보지만
파도 뒤에 숨은 화두는
하얀 거품만 토해낸다
드디어, 바다의 수평선이
팽팽해지는 시간
뒤엉킨 삶의 번뇌를
바닷 속에 수장하였다
잔잔한 심해에 요란한 굉음이
해초에 남은 끈끈한
소망의 화두 꽃을 깨우고
다시 바다의 고요가
몸 안으로 들어왔다

갈매기 나래에 은빛
광채가 빛을 발하고
해맑은 태양은
젖은 목선에 자비의 빛을
연신 쏘아주고 있었다
드디어, 손에 염주 알이 들어왔다

단풍

저토록 고운 빛을 발하는 데는
무슨 사연이 있을 거다
제 몸을 불살라 붉게 타는 것은
분명 아무도 모를 비밀이 있을 거다

뭇 인생은 늘 푸르름만 쫓고
자연의 섭리를 망각한 채
세뇌된 기억 속에 갇힌 일상은
가슴 한편에 숨어있는 욕심으로
행복의 발뒤꿈치만 쫓는
어리석음을 범하는데

단풍은 바람이 허락한 시간
살뜰히 고운 빛 빚어
다시, 바람 불면
섭리에 순응하여
몸을 낮추고 더 낮은 곳으로
아름다운 황홍빛을
가으내 쏟아 낼 것이다

나 그대에게2

햇살 눈부신 아침이 오면
나 그대의 태양이고 싶어

그대 웃는 창가에
불멸의 붉은 꽃 한 송이
걸어줄 수 있으니

별들이 도란대는 한 밤이 오면
나 그대의 은하수이고 싶어

그대 잠든 고운 손에
은하수 강변에 빛나는
영원한 사랑 반지 하나
끼워줄 수 있으니

파랑새와 낙엽

푸르던 날
온 세상이 내 것이었지
그 시절 늘 곁에 있던 파랑새
초롱초롱한 눈망울로
다정히 내 몸에 기대어
흐드러지게 핀 은하 별꽃을
푸른 머리에 꽂아 주었지
청춘 시절은 가고
만추에 걸린 해질녘
자연이 준 은혜로움에 절하고
너와의 만남도 여기까지
황홍빛 얼굴 곱게 단장하고
푸른빛에 황혼이 걸린
너의 발밑에 얼굴을 묻고
하늬바람 모퉁이 돌아
자연의 섭리가 낸
아득히 먼 그 길

낙엽이란 이름 남기고

너를 두고 홀로 간다

해변의 밤

서늘한 해풍이
바다 향 담아
뭍으로 밀어 올리는
고즈넉한 바닷가

허기진 땅거미
어둠을 모아
밤을 잉태하고

밤하늘 별들이
하나 둘 등불 켜는
가을 해변의 밤

풀벌레 소리
귓가에 앉아 도란도란
파도와 몸을 섞는
창문 너머 밤 익는 소리

깊은 밤 모퉁이
달그림자에 몸을 눕힌
황혼길 단풍잎은
곱던 입술이 튼 채
가슴 포개어 이별을 고하고

어둠을 밀어낸 여명이
눈 비비고 기지개 켜면
가을을 밟고 길을 나선다

이별2

붉은빛들이 떨어지는
스산한 황혼녘
지난 시절 붉은 입맞춤이
조각난 박제되어
허공에 걸려 있다

선홍빛으로 물든 하늘은
푸른 영혼을 빼앗기고
구멍난 가슴에 휑한
바람이 비수를 꽂는다

세월의 덫에 걸린 미련은
마지막 잡고 있던
연분홍 손목이 잘려 나간 채
퍼렇게 멍이들다
까맣게 타들어가고

독기 품은 밤이, 끝내
온 세상을 까맣게 덮고
하늘에 탄 내음만 가득하다

뜬구름

하늘은 하늘인데
구름은 하늘을 탐하여
하늘을 가리고
하늘인양 발아래 민초들
삶의 사슬에 자물쇠만 채운 채
기다리라 한다

하나는 아는데
둘도 있다는 생각은 망각한 채
외줄타기 하는 어릿광대
장대에 걸린 동앗줄은
가랑비에 썩어 가는데

순풍이 불어
뜬 구름 걷히고
맑은 가을 하늘 아래
구겨진 삶의 자물쇠에

비밀번호 풀리는 날

가을 만찬이 열리고
민초들의 신명나는 춤판
언제 다시 한 번
볼 수 있으려나

단풍 지다

여린 햇살에 초록 눈 뜨고
자연이 허락한 시간
푸른 날개 가지에 걸어
희희낙락하던 청춘은 가고

더위가 용오름 하는 여름날
산새들 쉼터의 요람으로 살다

가을날 황혼녘
소슬바람 너머
황홍빛 고운 옷 내 던지며
화려한 이별의 춤 한 마당

떨어진 삶의 분신에
보은의 신체 공양하는
슬프도록 아름다운 마지막 여정

빈손

바다를 건져올린 해풍에
외줄타기를 하던 파도는
검은 암벽에 하얀 피
산산히 포말로 부서지는

하늘을 우주로 밀어낸 가을날
부푼 꿈 실은 조각배는
헛개비 도깨비춤에 난파되어
상처투성이 노만 남은
가난한 이름들의 빈손

먼 산 구름에 걸린 석양이
상기된 얼굴로 발버둥 치다
끝내, 어둠의 늪에 빠지고
검게 멍든 하늘에는
달빛도 별빛도 보이지 않는다

그런 가을이었으면

여름이 버리고 간 늦더위
고추잠자리 머리에 앉아
심술부리고 있지만
개의치 않는 가을은
하늘을 높이 쏘아올리고
변함없이 올해도
싱그러움으로 다가오고

여름내 광기어린 불새의
불춤도 가을에 묻혀
그를 연모한
나뭇잎은 섬섬옥수
고운 수놓아
화사한 옷으로 갈아입고
어여쁜 미소 짓는 가을

산에는 알밤이 빈 속을 채워가는

들에는 금빛파도 일렁이는 가을날
황금 옷자락에 아스라이 매달린
가난한 이 활짝 웃을 수 있는
그런 가을날이었으면

기일

팔방미인 고운 날개
하늬바람에 고이 접어
손때 묻은 논에 찬 서리
새하얗게 눈물짓고
자운영 아름다운 꽃
피기도 전
봄이 아른대는 이승
눈에 밟고
서녘 산 시린 땅으로
흰 나비 되어 가신 님
개나리 노랗게
화등 매단 기일 밤
실눈 뜬 눈썹달이
서산에 홀로 외롭다

봄날의 마법

봄빛이 놀다 간 양지녘
연초록 새 아씨
상큼한 미소

봄을 맞는 버들아씨
환영의 솜사탕
실개천 물소리 장단에
덩더쿵 춤 한 자락

흰 속살 붉은 속살
수줍게 드러낸 꽃들의 도발로
질펀한 푸른 언덕

봄날의 푸른 기운이
만물을 잉태시키는
마법을 부리고 있다

봄의 선물

겨우내 쌓인 은둔의 찌꺼기
솔바람에 실어
하늘에 흩뿌리면
용오름 아지랑이로 사라지고

겨우내 묵혀 둔 근심
목련꽃 흰 눈망울에 삭혀
일렁이는 봄바람에
실어 보내고

봄을 맞은
아름다운 신부되어
무지개다리 초록 강변
구름 위를 걷는다

3부

하얀 목련

유두 봉긋 내밀고
깊고 푸른 밤
달빛 무등타고
별빛을 물질하더니
부풀어 오른 가슴

새벽이슬이 주고 간 정화수에
정갈한 마음 다잡아
빌고 빌어
아침이 오면
햇살의 자비로
천사 같은 날개 펼치는
하얀 목련

봄의 뜨락

봄빛 익어가는 대지에
초록 잎은 아침이슬
촉촉이 머금은 날개
하늘거리고
바람에 가슴 풀어
하늘을 닮아간다

앞산 양지녘 나무들
하늘 향해 몸을 키우고
꽃들은 제 세상인양
앞 다투어 오색 빛 고운
추파를 던지고

뜨락에 땅거미가
낮을 밀어내면
푸른 화동들이
화등에 불 밝혀

꽃들의 빛 축제에
싱그러운 봄의 뜨락이
도란도란 술렁인다

홍매화

눈꽃 날리는
산사 뜨락에
홍매화 빛 머금은
밤이 익어간다

엄동설한 녹여낸
고고한 아름다움
달빛에 홍조 띠고
별빛에 잠긴 미소
양귀비 울고 간다

바람이 뒤척이는 깊은 밤
너를 안고
만리장성 노닐다

처마 끝 풍경소리에
화들짝 깨어보니
꿈인가 생시인가

고향 빛

불야성 네온 불 밤 새워
정겨운 고향 빛 삼키더니
햇살에 빈 몸으로 졸고 있다

지평선 너머
흰 손 나폴대는 아지랑이
어서 오라 손짓하고

하얀 이 드러내 웃는 배꽃
노란 설레임 수선화
추파 던지는 빨간 앵두

고향은 오롯이 푸른 화선지에
유년의 고운 빛 그대로
추억을 그려내고 있다

두향이

매화 향 그윽한 거목
매화 꽃비 되어 낙화하다
저 매화 화분에 물을 주거라

도산 서원 댓돌 위
연분홍 매화 한 잎
두향이 사랑 혼되어
다소곳이 이배 하고

부음 소식 버선발
오백리 길 한 달음에
넋이라도 보이련가
홍매화 흐드러지게 피었는데
만장대에 그리움만 쌓여
바람결에 울고 지고

돌아가는 죽령 고개

절벽 위에 주인 없는 흰 고무신
가신 님 못 잊어
두견화 한 송이 낙화 하다

붉은 두견화
푸른 강에 핏빛 노을 던지고
두견새 한 마리
서산 노을 속으로 사라진다

이팝나무 꽃 지다

창문너머 시간이
졸린 눈 깜박이는 저녁

바람이
이팝나무 갸녀린 허리
흔들어 댄다

이팝나무 흰 꽃이 진다

길게 누운 산 그림자가
만든 만장대에
올곧은 편백나무 붓으로
달빛을 적시어
한 구절 조문을 쓴다

진 꽃잎은

바람역에서
극락행 열차에 오르는데

인연2

함께 걷던 꽃길 돌아보니
한 떨기 피어난 추억
억새꽃 나비되어
하늬바람에 스러집니다

수많은 인연 중에
그대를 보는 것만으로도
더 없이 좋은 시절이었습니다

꿈같은 시절이 가고
머리에 서리꽃 피는 겨울이 와도
스치는 인연이 아니길
하늘에 언약하고
기다림의 푸른 끈을
놓지 않겠습니다

하늘에 모든 별이

사라진다 해도

단 하나

그대는 나의 별인 까닭입니다

가을 강의 여명

청록 빛 강물위에
황적 빛 무지개가 온 밤 내려
여명의 정기 서린 안개의 무희는
강을 건너 암갈색 빈들에 서성이고
노오란 잎 붉은 잎에
쇠잔한 여운이 파도치며
먼 울림으로 단풍산이 일어선다

가을나무에 허허로움이
하늘 끝까지 아스라이 이르러
허공 나뭇가지 사이
청빛 하늘이 가슴에 아롱져
고향 토담 초가 졸던 박 잠 깨고
흙빛 마른 강바닥에 이슬이 드리우면
콘크리트 아파트에는
향수가 긴 기지개를 켠다

갈대꽃이 강 언덕에 잠자다
여명에 뒤척이며
반푼짜리 댄서의 여린 몸놀림
강바닥에 애잔히 스러지고
가냘픈 강소녀의 빨래 방망이는
가을빛을 삼킬 듯이
희디흰 거품을 토해낸다

동녘에 금빛 날개를 펼친 햇살이
강물위로 비상하면
만추는 다소곳이 머리 숙여
황홍빛 고운 옷자락을
섬섬옥수 드리운다

채송화 연가

채송화 꽃 입술이
붉게 익어가던 시절
떠난다는 말도 없이
붉은 꽃 그림자 속으로
사라진 그녀

그녀 앉았던 자리
따스한 체온 아직 남아 있는데
태양이 몇 날 뜨고 져도
그녀는 끝내 보이지 않고
내 심장은 땅에 떨어진다

교정에 핀 채송화
활짝 웃기도 전에 떠난
그녀 발자국 따라 가고픈 마음은
시간의 태엽에 감겨
숨을 옥죄이고

풍금소리 애잔히 울던 그 가을날
그녀의 얼굴은 겨울로 달아나고
추억도 갈바람에 흩어져
가슴에 남은 슬픈 잔영
지울 수 없는 화수분으로
밤하늘 별이 되어
어두운 허공을 떠돌다 간다

오솔길

새벽 품은 산이 일어선다
산등성이에 밤을 감고 있던
나무도 기지개 켜고
아직 얼음에 갇힌 편백잎은
가지에 누워 잠자고

안개 자욱한 오솔길에
청설모가 도토리 물고
길 안내를 한다
아무도 가지 않은 새벽길
안개에 감겨 길을 간다

편백 숲 서리꽃이
겨울을 익혀내고
변치 않는 이파리
하늘 향한 날개 접어
따스한 봄을 기다리고

산 정기 그윽한 약수 한잔에
힘찬 기 목줄기에 흐르면
해맑은 햇살이 새벽을 뚫고
찬란한 빛을 내던진다

놓친 그리움

그리움이 잠든 오솔길
안개 속에 묻힌
연분홍 꽃잎
피었다 지고

세월에 표류하던
놓친 그리움
옷깃에 매달린다

놓친 그리움이
떨구고 간 눈물이
무지개 꽃으로
가슴 한편에 피었다 진다

능소화

옥 비단 치마에
간들어진 춤사위
눈을 뗄 수 없는 아름다움

눈부신 주홍빛 얼굴
새초롬한 꽃 입술에
수벌의 진한 입맞춤
부풀어 오른 샛노란 유두

유혹의 바람결에
혼미한 몸을 던져
붉게 파고드는
아찔한 포옹

주홍빛 물들고 싶은
꽃등 켜지는 밤

시냇가에서

아스라이 높은 하늘에
아련한 추억이
흰 구름 되어 흐른다

시냇가 여울에
초롱 눈망울 아이들은
푸른 꿈 실은 종이배
냇물에 띄워 보내고

지금, 시냇가에는
희끗한 내 머리를 닮은
갈대가 손 흔들어 인사하고
들꽃들의 속삭임 아련한데
그 아이들은 보이지 않는다

고추잠자리가 파란 하늘에
추억어린 가을 동화를

붉은 육필로 써 내려가면
금방이라도 파란 물이
떨어질 것만 같다

그 파란 물들이면
어린 시절로 돌아갈 수 있으려나
아름다운 가을은 깊어만 가는데

매미3

여름 끝자락
나뭇잎들의 지친 어깨에
붉은 노을이 내려앉는 시간
마지막 사랑 찾아
매미가 구성지게 운다

서늘한 갈바람이
나무에 날개를 펼치면
생의 푸른 날은 저물어
한 점의 검은 꽃으로
낙화 해야만 하는데

마지막 구애의 시간을 밀어낸
가을은,
숙명의 검은 그림자로 다가와
님의 흔적은 찾을 수 없고

높아 가는 하늘에는 고추잠자리가
허공을 아프게 찌르고 있다

매미

암흑의 땅속
나무뿌리의 깊은 사랑으로
인고의 세월은 가고
빛 좋은 여름날
땅을 헤집고 나무에 오른다

드디어, 수년간 두르고 있던
업보의 허물 벗어 던지고

하늘 향한 비상의 날갯짓에
이파리들의 환영 물결

환희의 첫울음 한번 울고
님 찾아 나무 품에 안겨
고요한 새벽을 깨우는
혼신을 다한 구애의 울음
목숨과 바꾼 단 한 번의 사랑

알을 품은 암컷은
나무 등걸에 분신을 남기고
아름다운 노을빛 따라
마지막 비상을 한다

유충은 땅속으로 떠나고
나무의 나이테가 늘어난
어느 여름날
매미가 울어댄다

별이 빛나는 고향에서

별빛은 지천으로 피어난 청춘의 꽃이었다
겉치장과 바꾼 탐욕의 세월이 서글프다
순백의 떨림들이 은하수 강가에
귀틀집을 짓고 나를 반긴다
메뚜기와 뛰어 놀던 들녘에서
지금 별을 보며 생각한다
입에서 날마다 거미줄을 치던
유년시절이
별똥별 되어 옛 길에 나부낀다
지금 별을 보면서
순간의 희열을 느낄 수 있는 건
현란한 네온사인의 유혹이다
별빛은 변함없이
희망의 빛을 내뿜고
유년의 순수함을
시나브로 인도하건만
나는 그 시절을 기억하지 못한다

찌든 때들이 개천에 난무 하지만
흰 여울물은 한 가운데 발을 엮어
지난 세월의 그것을 걸러내고 있다
지금 밤하늘의 별들은
변함없이 나를 사랑하는데
나는 별을 보지 못한다
인공의 빛들은
나를 장님으로 만들었다
하지만 그 빛들이 사라진 새벽
별들이 춤추는
은하수 강가의
흐드러지게 핀 별꽃들은
내 눈을 뜨게 하고
어여쁜 연인되어 품에 안겨 온다
그 유년시절이
은빛 날개 달고
지금 나에게로 오고 있다

숲길에는

이슬비가 숲길을 걷는다
초록 세상 함초롬히 적시며

안개꽃 걸린 숲길은
고요함에 잠들어 있는데

빗장 푼 솔바람이
자욱한 하늘 길 열어
빛걸음 사뿐히 그가 오고 있다

영롱한 은별꽃
초록잎에 반짝이며
태양꽃이 붉게 피어 난다

4부

노을2

한낮의 붉은 열정
만물에 쏟아 붓더니

하늘 아스라이
노을이 만들어낸
황금빛 정원

금빛 옷 갈아입은
갈매기 이별 노래
물이랑에 일렁인다

어둠은 빛을 살라 먹고
태양꽃이 떨어진다
황금빛 정원
고운 꽃잎들이
어둠 속에 나부낀다

겨울에게

흰빛으로 감싸 안은
너의 품이 감사 하다
차디찬 빛이
나의 심장을 멎게 하여도
나는 나의 길을 갈 것이고
그건 운명이다
심장이 하늘에 걸려
핏빛 노을이 된다한들
너는 너의 길을 갈 것이고
나는 너를 주시 할 것이다
얼음꽃으로 물든 세상은
아픔을 묻어 버린 내 안의 고뇌다
은빛의 차가움은 슬픔이 아니다
흐드러진 가을 단풍의 잉태를 소원하는
순백의 청춘 예찬 이다

봄날은

초록 이파리 청년
싱그러운 풀내음으로
구애의 세레나데

영산홍 주홍빛 처녀
붉은 입술로 쓴 꽃 편지
은빛 나비에 실어 보내면

붉으락 푸르락
나부끼는 청춘 세상

청홍실 타오르는
꿈같은 시절

봄빛을 기다리며

태양이 빛을 내린다
빛들이 반짝이다
일제히 흩어진다

유리창은 빛이
굴절된 은어만 새기고
벽창호에는 이기의 빛들이
기어 다니고 있다

반란의 몸짓은
그늘에 웅크리고 앉아
초록빛만 기다릴 뿐

응어리진 눈망울에는
충혈 된 빛들이
핏빛을 튕겨내고 있다

아직 빛을 보지 못한 봄은
잔설에 빗장이 잠긴채
그늘에 잠들어 있다

봄빛이 살아 숨쉬는
초록 침대에
한번 누워 봤으면

겨울 향수

그리운 만큼
묻어나는 것은 향수이다
신 새벽 동창에
연꽃 문양으로 우러나는
맑고 선명한
이슬의 의미를 되돌아보며
추억을 일구어 보노라면
타향의 겨울은
고향을 구워내고 있었다
우리들의 마음
화톳불에서

가을 단풍

가을 속으로 떠난 그는
단풍잎에 사랑이란
두 글자
보일 듯 말듯
새겨 놓고
가을 유곽의
술잔 속에 뜻 모를 물음표만 던지고
단풍잎 속으로 사라져 갔습니다
아름다움이
아름다운 것이 아니고
황혼빛이 아름답다고
혀끝에
붉은 진액이
세찬 긍정으로
화려한 가을에
섬섬옥수 수를 놓고 갑니다

좋은 인생

인생은
나를 이해하고
나를 위로하며
나의 길을 걷는 것이다

인생은
나를 사랑하고
나를 입신양명하여
오직 하나뿐인
아름다운 길을 만드는 것이다

인생은
자연이다
모든 삶은
세월의 시간 앞에
공평무사하다

그 시간 살뜰히 빚어
빛나는 이름 하나 남기고
천상에 이르는 날
좋은 세상 유람하고
다시 올 수 없는 강 건너
흰 국화향 짙게 품고
자연 속 고향으로
돌아가는 것이다

어떤 인연

창밖에 갈잎 부서지는
스산한 바람이 붑니다
유리창에 추억 하나 아른거립니다

초인종이 스산하게 웁니다
옆집 아름다운 아가씨
열쇠가 단풍잎과 사라져
월담한 인연 입니다

동갑내기 스무 살
푸른 사랑이
가을을 물들이다
단풍 되어 쌓여갑니다
청춘들의 사랑놀이는
밤을 지새고
사랑노래 샛별 되어
은하수 강가에 반짝입니다

은하수 강이 마르고
일산 해수욕장 태양은
울기둥대 청송들이
눈꽃을 피울 때
다시 떠오르지 않았습니다

스무 살의 사랑은
겨울 눈 속에 묻혀 죽었습니다

좌우명

한 장의 종이 위에
삶의 좌우명을 설계하고
황무지 박토 위에
반석의 디딤돌을 세우고
각고의 노력위에
백전백승의 신념을 축적하여
희망봉을 정복하리라

여름바다

청포도 즙 푸른 창포에 고이접어
날갯짓하며 나뒹굴면
신비로운 음성 읊조리며
흰 스카프 자아내는
바다의 마술사

쪽빛하늘 무대삼아
흰 국화로 장식하고
신낙원 축제 펼치는
바다의 무용수

태양의 용틀임은
암벽을 뚫고
금싸래기 실바람에 나부끼어
붉은 장미 피어나는
젊은 원색의 향연

그리운 그곳

유리창에 빗물은
안개꽃을 피우고
텅 빈 방에 앉아
아름다운 추억에 잠긴다

소백산 기슭
담장을 두른 산들은
하늘 향해 푸른 손 흔들고
은하수 강변
은빛 부채춤 아른대는
그리운 그곳

고라니 두 눈에
푸른 등불 켜지면
하늘엔 별꽃이 피고
반딧불이 사랑스런
초록 숲에 안겨

자연이 빚어낸
푸른 향기를 마신다

맨드라미 머금은
한지 동창에
태양꽃이 피어나면
초록빛 날개 달고
숲속으로 날아간다

하늘 길

금방이라도 푸른 눈물
뚝뚝 떨굴 것 같은
옥빛 하늘에
소리 없는 비행기
흰 하늘길 내고 있다

그 길 따라가면
하늘에 오른
보고픈 이들 볼 수 있으려나

하늘 장미정원에서
장미보다 더 아름다운
만남 이루어지겠지

그리곤
그 기쁜 눈물
여름날 장맛비 되어

부슬부슬 흩날리려나

마지막엔
아련한 그리움이 얼어
겨울날 흰 눈 되어
폴폴 날리겠지

교정에서

해운대 바닷가
동백섬 붉은 꽃
송이 채 떨구어
핏빛 진한 추억이 머무는 곳
장산 자락 용들의 안식처
해운대를 품은 넓은 가슴
반세기 흘러온 기술보국의 요람
청춘을 품어주던
상록수 푸른 날개
환한 미소 아름다운
꽃들의 환영 군무
탄생 반세기 축하연에
해운대 바닷가
추억의 파도가
푸르게 용트림 한다

황혼

붉은 혓바닥이 하늘을 밀고
산마루에 곤두박질하는
고즈넉한 붉은빛의 넉넉함이
슬프도록 아름다운 시간

물밀듯이 번져드는 푸른 솔의 정기
푸르다 못해 검은
지난날의 삶을 뒤로한 채
카멜레온의 몸체로
소리 없이 빛을 토해낸다

찬란한 빛의 향연
삼라만상을 호령하던 빛의 제왕은
어두운 미로의 나락으로
거듭남의 비밀을 간직한 채
조용한 빛의 끄트머리에
푸르른 빛이 용틀임 한다

청춘의 추억

빌딩숲에 걸린 마음
밤안개에 뒤척이다
가로수 끝자락에
아스라이 걸려있는
푸른 깃발을 추억하다

바람의 포로가 되어
나뒹구는 붉은 장미
빛바랜 꽃잎이
안개비에 흐느적거리고
가버린 청춘의 찌꺼기
깃발에 나부낀다

청춘들의 사랑이야기
불빛에 익어가고
텅 빈 찻잔에는
얼룩진 청춘이 가득하다

흰 구름 사이로
푸른빛을 잃은 깃발이
아스라이 사라져 간다

빈 가슴

허공에
매달린 빈 가슴
된바람에 언
서러운 눈물
뚝뚝 흘리는

화려한
독버섯이 유혹하는
처절한 시간여행

인스턴트 사랑이
악취를 풍기는
잃어버린 사랑여행

빈 가슴 채워주는
버들아씨 미소로
버들 잎 드리운

사랑수 한 모금이
눈물 나게 그리운 시절

태풍이 지난 후

성난 비에
모든 것들이
부서진 산하

언제 그랬냐는 듯
햇살이 곱게 나부낀다
상처를 보듬어 주려는 듯

태풍이 쓸고 간
하늘에는
푸른 멍이 들었다

해
설

친자연주의 서정과 다양한 색깔 및 불교제재 수용

공광규/ 시인

1.

김동석 시인은 충남 예산 출생으로 2015년 『서정문학』으로 등단하여 부산문인협회 회원으로 활동하고 있다. 시집 『이팝나무의 추억』은 그의 첫 시집이다. 이번 시집 원고를 천천히 일관하면서, 김동석 시인의 시편들이 친자연주의적 시골서정과 다채로운 색깔의 묘사, 그리고 여러 편의 시에서 불교재제를 적극 수용하고 있음을 확인할 수 있었다.

시인의 친자연주의적 성향은 농촌이라는 시골에서 낳고 자란 자연환경의 영향일 것이다. 시인의 고향인 예산은 예당평야로 널리 알려진 우리나라 곡창

지대이며, 벼농사를 주로 하는 전형적 농촌이다. 급격한 산업화로 시인이 도시로 나와 학업을 하기까지 농촌에서 태어나고 자란 '시골 출신'이라는 혐의가 시의 전편에 묻어난다.

색깔은 시의 표현과 관련될 것이다. 김동석은 시에 붉고 푸르고 희고 노란 등 자연에서 온 다채로운 색깔을 반복해서 묘사한다. 거기에는 계절과 시간이 자주 동반되기도 한다. 유년과 소년기를 농촌에서 보내면서 체화된 학습 결과일 것이다. 시인이 반응하는 색감은 심리 및 정서와 관련될 것이다.

또 김동석 시에 불교와 관련된 어휘가 다수 보인다. 이는 그가 자란 환경이 고찰인 예산 수덕사, 고승인 경허와 만공, 그리고 만해의 그림자가 드리운 지역성과 거기서 오는 정신적 배경일 수도 있겠다. 그의 불교는 지역사회에서 성장하면서 체화된 관습일 것이며, 시인이 사용하는 불교적 어휘는 자기를 비춰보고 점검하는 정신적 가치기준일 것이다.

2.

시인이 유년기와 소년기를 보낸 고향은 "별빛이

지천으로 피어"나는 곳이며, "메뚜기와 뛰어놀던 들녘"이 있는 곳이다. 식민지를 거치고 전쟁이 끝난 지 얼마 되지 않아 절대 가난의 시기에 유년기를 산 시인은 가난은 했었지만, 고향 "밤하늘의 별들"이 아름다운 곳에서 자랐다.

고향의 별들은 땅으로 내려와 은하수 강가에 흐드러지게 별꽃을 피워놓고 시인의 "눈을 뜨게 하고/ 어여쁜 연인이 되어 품에 안"(「별이 빛나는 고향에서」)긴다. 이런 고향의 기억을 형상한 시 가운에 표제시 「이팝나무의 추억」은 자연과 인사가 어우러진 아름다운 작품 가운데 하나다.

이팝나무에 흰 쌀이 주렁주렁
올해는 이밥에 고깃국

입이 화들짝 호강 한 번 하려나
자갈논 모내기에

이팝나무 차진 쌀밥이
따스한 봄볕에 수북이 튀겨지고 있다

엄마의 주름진 얼굴에
해맑은 웃음이 앉아있다

– 「이팝나무의 추억」 전문

이 시는 "입에서 날마다 거미줄을 치던/ 유년시절"(「별이 빛나는 고향에서」)과 연관 지어 읽힌다. 이팝나무는 물푸레나무과에 속하는 낙엽교목이다. 산골짜기나 습지, 개울가에서 잘 자란다고 하나 시골에서 그렇게 흔하지는 않은 나무다. 최근에 서울 청계천변 등 가로수로 심은 걸 볼 수 있다.

4~5월경에 흰색의 꽃이 피는데, 꽃잎이 가늘고 길다. 꽃이 피면 마치 밥그릇에 수북하게 밥을 담아놓은 것 같다. 그래서 꽃이 만개하면 풍년이 들어 쌀밥(이밥)을 먹게 된다고 하여 이팝나무라고 한다. 이팝나무를 보고 이밥을 상상하는 것은 어려운 일이 아니다. 시인은 어머니와 이팝나무의 경험을 엮어서 한 편의 아름다운 시를 만든다.

이팝나무에 꽃이 많이 열렸으니 올해는 농사가 잘 되어 "이밥에 고깃국"을 먹을 것 같다는 추정이다. 이팝나무가 만개한 것을 '주렁주렁'으로 실감있게 의태하거나, 꽃이 만개한 것에 상응하여 입이 화들짝 벌어진다는 표현, "자갈논 모내기"로 표현되는 빈한한 농사와 "수북이 튀겨"진다는 대비적 표현, 엄마의 해맑은 웃음이 만개한 이팝나무와 어울려 표현이 짧고 단순하지만 정서를 풍성하게 한다.

시집에는 엄마와 가졌던 농촌경험을 시로 형상한 시들이 몇 편 보인다. 그 가운데 하나가 「엄마와 고추」이다. 한여름 시골집 마당은 고추를 따서 밀짚이나 볏짚으로 엮어서 만든 자리나 멍석에 널어놓기 때문에 마당은 "선홍빛으로 붓칠한 듯" 빨갛다. 그리고 고추농사를 짓는 엄마의 노동은 가혹하다.

엄마는 등에 붙은 해가
서산에 황금빛 수채화가 걸리도록
바람이 땀방울을 훔칠 때까지
거북등의 갈라진 손으로
태양초에 눈물 달래며
배가 등에 달라붙은 것도 잊고
고추와 씨름한다

– 「엄마와 고추」 부분

거북등처럼 갈라진 손으로 뙤약볕 아래서 땀을 뻘

뻘 흘리며 고추농사를 짓는 엄마의 모습을 사실감 있게 묘사하고 있다. 뜨거운 태양을 등지고 배가 등에 달라붙는 것을 잊을 정도로 고된 노동을 하는 이유는 단 한가지일 것이다. 고추를 말려서 팔아 막내 아들 등록금을 내기 위해서다.

이렇게 일해도 등록금으로 나가면 남는 돈이 없고, 엄마는 빈손이다. 고추를 따고 말리고 만져서 손에는 매운 고추냄새만 배어있을 뿐이다. 그러나 김동석이 유년과 소년기에 체화된 자연에서 가져오는 추억은 이런 가난과 엄마의 고된 노동만 있는 것만 아니다. 자연의 맑고 아름다운 빛과 풍경, 그리고 사랑의 감정을 곳곳에 드러내고 있다.

해맑은 강물은
자연이 빚은 길 따라
굽이굽이 흐르고

햇살 품은 강물에 은나비떼
은빛 날개 하늘거리는 강기슭에
눈부시게 빛나는 갈대는
갈바람이 불러주는 분홍빛 사연

허공에 은빛 붓으로
가을 편지를 쓴다

지난 시절
아름다운 가을 사랑에게

―「가을 편지」 전문

문장이 곧 사람이라는 말이 있다. 그 사람이 사물을 대하거나 사용하는 글의 표현을 보면 그 사람의 심성이나 세계관을 알 수 있다. 김동석이 시적 대상을 보고 묘사하고 서술해내는 글을 보면, 그의 심성이 환하고 반짝이는, 그러면서도 대상을 다감하게 대하는 것을 알 수 있다.

김동석에게 강물은 해맑은 강물이고, 자연이 빚은 길을 따라 자연스럽게 흘러가는 사물이다. 강물은 햇빛에 반짝이는 윤슬을 형상한 은나비떼를 품어 아름답다. 갈대는 은빛으로 눈부시게 빛난다. 가을바람은 분홍빛 사연으로 분다. 분홍빛 사연은 연정을 비유한다. 가을 갈대를 '은빛 붓'으로 비유한다.

햇살 눈부신 아침이 오면

나 그대의 태양이고 싶어

그대 웃는 창가에
불멸의 붉은 꽃 한 송이
걸어줄 수 있으니

별들이 도란대는 한 밤이 오면
나 그대의 은하수이고 싶어

그대 잠든 고운 손에
은하수 강변에 빛나는
영원한 사랑반지 하나
끼워줄 수 있으니

－「나 그대에게2」 전문

시 「나 그대에게2」도 한편의 좋은 연정시다. 다른 시들처럼 햇살이 눈부시고, 붉은 꽃이 있고, 별들이 다정하게 도란대고, 은하수가 있다. 이런 것을 배경으로 사랑반지를 끼워줄 수 있다고 하니, 김동석은 숭고한 마음의 결을 가지고 있는 시인이라고 할 수 있다.

3.

김동석은 시적 대상을 다양한 색깔로 표현하는 문단에서 보기 드문 시인이다. 그는 많은 시편에서 다양한 색깔을 반복해서 묘사한다. 색깔은 물리학에서 자연 에너지가 외부로 표출된 것으로 본다. 동식물이 계절이나 시간마다 색이 다르게 보이는 이유다. 물론 햇빛이 없으면 색깔을 볼 수 없다.

그리고 색깔은 인간심리와도 관련된다. 빨강이나 분홍색은 덥거나 따뜻하고, 청색이나 녹색이 시원한 느낌을 주는 이유다. 김동석이 시에 주로 사용하는 색은 청색이거나 붉은 색 계열이다. 어느 한쪽에 치우치지 않고 균형이 잘 잡힌 시인의 인성과 인격이 색깔로 나타난다.

시 「가슴앓이」에서는 하얀, 새하얀, 은빛의 색깔을 변주하기도 하지만, 시 「꽃무릇」이나 「파랑새와 낙엽」 등의 시에서는 푸른색과 붉은 색을 대비시킨다. 시 「만추」에서는 푸르고 붉고 노란색을, 「봄날의 마법」에서는 "봄빛이 놀다 간 양지녘/ 연초록 새 아씨/(중략) 흰 속살 붉은 속살/ 수줍게 드러낸 꽃들의 도발로/ 질펀한 푸른 언덕"에서 보여주듯 연초록,

흰색, 붉은 색, 푸른색을 묘사한다.

바람이 전하는 애달픈 사연
청자빛 하늘에
꽃무릇 붉은 촉으로
주홍글씨를 쓴다

–「꽃무릇」 부분

푸르던 날
온 세상이 내 것이었지
(중략)
황홍빛 얼굴 곱게 단장하고
푸른빛에 황혼이 걸린

–「파랑새와 낙엽」 부분

맑은 가을 하늘
한 조각 베어 만든
푸른 캔버스에

붉게 익은 단풍잎 하나
샛노란 국화 한 송이

-「만추」 부분

시인은 「가을 강의 여명」에서 한 편의 시에 청록, 황적, 암갈, 노란, 붉은, 청빛, 황홍 등의 다양한 색감을 묘사한다. 색채 심리에서 붉은 색 계열은 분위기를 고조시키거나 활기와 자극을 주고 애정과 관련된 표현을 하는데 좋은 색감이다. 노란색은 자기과시나 성장욕구일 가능성이 높다.

그러나 청색이나 녹색은 조화와 균형, 안정과 이성, 평화와 영원을 바라는 심리를 반영하는 것으로 보고 있다. 시인은 자신이 좋아하는 색깔을 선택하여 시에 차용할 것이다. 그러니 시인의 성향이 은연중 시에 색깔로 나타날 것이다. 색깔로 시인의 심리나 정서를 읽을 수 있다는 것이다.

그리움이 잠든 오솔길
안개 속에 묻힌
연분홍 꽃잎
피었다 지고

세월에 표류하던

놓친 그리움
옷깃에 매달린다

놓친 그리움이
떨구고 간 눈물이
무지개 꽃으로
가슴 한편에 피었다 진다

—「놓친 그리움」 전문

시인은 연정시인 「놓친 그리움」에서 연분홍 색깔을 잘 살리고 있다. 그리움은 성취하지 못한 사랑이다. 지금 화자 옆에 가까이 두고 있지 않은 사랑이다. 그리움은 사랑의 잃어버림을, 사랑의 '놓침'을 전제로 한다. 화자는 아마 옛날에, 지금은 그리움의 대상인 여인과 같이 걸었던 "그리움이 잠든 오솔길"을 가고 있다.

시의 분위기는 헤어진 지 오래되어 안개 속에 묻힌 듯하다. 사랑이라는 '연분홍 감정'만 그리움으로 남아있다. 이루어질 수 없는 사랑은 그리움을 남기고 눈물로 마감하게 된다. 잡을 수 없는 사랑이고, 기억하고 간직하고만 있는 사랑이다. 이 그리움에서

솟아난 눈물은 가슴 한편에 무지개 꽃으로 핀다.

청록빛 강물 위에
황적빛 무지개가 온 밤 내려
여명의 정기 서린 안개의 무희는
강을 건너 암갈색 빈들에 서성이고
노오란 잎 붉은 잎에
쇠잔한 여운이 파도치며
먼 울림으로 단풍산이 일어선다

－「가을 강의 여명」 부분

김동석은 시 「고향 빛」에서 화자가 고향을 찾아갔던 어느 날 "하얀 이 드러내 웃는 배꽃/ 노란 설레임 수선화/ 추파 던지는 빨간 앵두// 고향은 오롯이 푸른 화선지에/ 유년의 고운 빛 그대로/ 추억을 그려내고 있다"고 한다. 다양한 색깔의 원형적 자산은 고향체험과 관련되어 있다.

시 「두향이」는 조선시대를 대표하는 성리학자 퇴계 이황과 단양의 관기 두향이의 일화를 시로 쓴 것이다. 신분과 나이 차이를 넘는 애절한 사랑의 설화가 전한다. 당시 퇴계는 48세로 단양 군수에 부임했고, 관기 두향이는 19세였다고 한다. 두향이 기르던 매화를 퇴계에게 주면서 두 사람은 인연이 되었다.

퇴계가 9개 월 만에 단양을 떠나 풍기군수로 가게 되자, 두향이는 관기를 그만 두고 평생 강선대에서 수절하다가 20년 후에 퇴계가 임종하던 다음해 뒤따라 죽었다고 한다. 두향이가 퇴계에게 주었다는 매화는 이들의 정표이자 사랑의 매개인데, 퇴계가 임종하면서 남긴 말이 "저 매화 화분에 물을 주거라." 라고 했다는 것이다.

아무튼 김동석은 평생 매화를 좋아했던 퇴계와 두향이의 설화를 한편의 시로 만들면서 매화 향, 매화 꽃비, 매화 화분을 반복변주하고, 연분홍 매화 한 잎을 사랑의 혼으로 비유한다. 홍매화와 흰 고무신, 붉은 두견화, 푸른 강, 핏빛 노을, 서산 노을 등 색깔을 계속 변주하면서 시를 진전시켜나간다.

4.

김동석의 여러 편 시에서 불교 관련 어휘를 읽을 수 있다. 그의 고향인 예산은 한국의 근현대 불교의 대표적 문중인 덕숭문중을 창시한 스님들이 주석하던 곳이다. 가야산을 중심으로 한 수덕사와 개심사, 정혜사 등의 사찰이 있는 곳이다. 그곳은 경허와 만공, 그리고 만해의 그림자가 짙게 드리운 지역이다.

시인 개인이 종교를 불교로 하지 않더라도, 이런 지역에서 성장하면 불교의 관습과 관습에서 묻어나오는 가치를 은연 중 체화할 수밖에 없었을 것이다. 목련을 시로 엮은 「하얀 목련」에서는 "새벽이슬이 주고 간 정화수에/ 정갈한 마음 다잡아/ 빌고 빌어/ 아침이 오면/ 햇살의 자비로/ 천사 같은 날개 펼치는/ 하얀 목련"이라고 한다.

봄날 목련이 피는 것은 불단에 정화수를 올리고 정갈한 마음으로 기도하는 것처럼 목련도 새벽이슬을 정화수로 삼아 기도를 한 끝에 아침을 맞아 "햇살의 자비"로 꽃이 피었다는 것이다. 인고의 수행과 기도 과정을 거쳐서 득도하는 불교의 공부과정과 목련이 피는 과정을 나란히 보여주고 있다.

정좌하고 앉아 눈 감으면
온갖 상념이 머리에 떠돈다
초라한 내 마음의 몰골에
하늘을 볼 수 없고

땅을 밟지 못한다
밖은 어둠이 밀려오고
풀벌레 소리뿐
고요하기만 하다
상념에 빗장 걸고
좁은 마음의 공간을 열어
삶의 본질에 화두를 던진다
시간이 흐르던 어느 찰라
아무도 모를 이상향의
깊은 평온에 안착 한다
산다는 건 죽지 않는 것이고
죽는다는 건
살아있는 모든 것은
세월 가면
왔던 자연으로 되돌아가는 것
말 못하는 자연이 말한다
욕심은 버리고
모든 걸 내려놓으라고
지금, 이 순간이 극락이다

–「한 밤의 명상」 전문

시인 김동석으로 보이는 화자는 한밤에 정좌를 하고 명상에 잠기기도 한다. 사방은 고요한데 풀벌레 소리뿐이다. 삶이란 도대체 뭐고? 이런 화두를 틀고 시간을 보낸 끝에 평온한 마음에 다다른다. 정좌와 명상 끝에 "산다는 건 죽지 않는 것이고/ 죽는 다는 건/ 살아있는 모든 것은/ 세월 가면/ 왔던 자연으로 되돌아가는 것"임을 깨닫는다.

그리고 "욕심은 버리고/ 모든 걸 내려놓으라고/ 지금, 이 순간이 극락이"라는 것을 알게 된다. 명상과 정좌, 화두, 이 순간이 극락이라는 어휘가 불교적 표현이다. 시 「맑은 마음」에서는 "가을빛/ 곱게 바스러지는/ 산사 황혼녘// 스산한 골바람에/ 수북이 쌓이는/ 물욕의 찌꺼기// 기러기 청산 가는 길에/ 얹어 보내고/ 맑은 물 한 두레박/ 흩뿌려 주소서"라고 기원한다.

시 「홍매화」의 시적 공간은 어느 산사의 뜨락이다. 계절은 홍매화가 피는 "눈꽃 날리는" 겨울의 끝이고, 시간적 공간은 밤이다. 화자는 바람 부는 산사의 깊은 밤에 요사채에 머물면서 홍매를 "안고/ 만리장성을 노닐다"가 "처마 끝 풍경소리에/ 화들짝" 깬다. 풍경소리가 아름다운 산사의 밤은 꿈인지 생

시인지 모를 지경이다.

창포 빛 하늘이 내려앉은
노승의 등줄기처럼 굽은 산길

단아한 봇짐 하나 메고
노을빛으로 타는 단풍이
병풍을 두른 산 중턱에 걸린
암자 가는 길

산새들 맑은 하모니
잔잔히 흐르는 길모퉁이에
잠자던 애기단풍
소슬바람에 불나비 되어
지친 어깨에 쌓인 번뇌
정갈히 씻어준다

야윈 가지에
아스라이 걸린 단풍은
지난 여름 푸르던 날
산새들 도란대던 나무에

황혼이 밀려오면
마지막 이별 춤사위
허공을 자맥질하다
빙그레 지켜보던
지장보살 가사에
선홍빛 단풍 물들이고 간다

–「암자 가는 길」 전문

시 「암자 가는 길」의 서두는 묘사의 일품이다. 산길이 "노승의 등줄기처럼 굽"었다는 표현이 압권이다. 암자에 오르는 가을 날씨는 너무 푸르러 창포 빛이다. 마치 하늘이 내려앉은 듯하다. 이런 하늘 아래로 난 암자로 가는 길의 모습이 그림처럼 들어온다.

단풍은 노을빛으로 물들어 타고 있는 듯하고, 암자로 가는 길은 "병풍을 두른 산 중턱에 걸"려 있는데, 그 아래를 작은 봇짐 하나 메고 가고 있다. 산새들은 맑게 울어 합창을 하고, 계곡물은 길모퉁이를 돌아간다. 나뭇가지에 매달려 조용하던 단풍나무 잎은 바람이 불자 우수수 번뇌가 날아가듯 쏟아진다.

가을 단풍나무 잎들이 쏟아지는데 저녁은 오고, 법당에 노을이 비치자 이를 지켜보며 빙그레 웃던

"지장보살 가사에/ 선홍빛 단풍"이 든다. 암자로 가는 길의 묘사와 색감, 풍경과 사람, 석양에 비친 지장보살의 얼굴, 자연과 인사가 서로 조화하면서 호흡을 길게 끌고 간 아름다운 시다.

5.

김동석 시의 친자연주의적 성향은 그가 태생이 농촌이고 거기서 자랐다는 지리적 운명이나 특성과 관련됨을 확인하였다. 시골에서 낳고 자라면서 체득한 자연에 대한 관심과 사랑이 시에 그대로 나타나고 있는 것이다. 이런 제재의 시들 가운데 어머니와 농촌 체험을 형상한 표제시 「이팝나무의 추억」과 「엄마와 고추」, 그리고 연애시인 「가을편지」와 「나 그대에게2」를 인용하여 다루었다.

김동석 시인이 다른 시인들과 변별되는 개성이나 특징은 다양한 자연의 색깔을 시에 담아내는 것이다. 시 한편에 붉고 푸른 색감을 통해 대비효과를 노리는가하면, 자연에서 만날 수 있는 여러 가지 색깔을 묘사하고 반복한다. 푸른색과 붉은 색의 대립 사례로 「가슴앓이」「꽃무릇」 등을 들었다. 「만추」에서는 3가지 색깔을, 「가을 강의 여명」에서는 무려 7가지 색깔을 묘사한다.

마지막으로 불교와 관련된 어휘가 나오는 시들을 모아 시를 읽어가면서 시인이 불교에 대한 소양을 갖고 산사를 찾아가거나 직접 명상을 하는 등 종교적 실천을 하고 있음을 확인하였다. 시 「하얀 목련」과 「한밤의 명상」 「맑은 마음」 「홍매화」 「암자 가는 길」은 시인의 불교지식과 종교체험을 시로 형상한 사례이다.

이상과 같이 김동석 시인의 첫 시집 『이팝나무의 추억』을 천천히 일관하면서 시편들을 유형화하고 그 의미를 되새겨 보았다. 그의 시에는 전반적으로 친자연주의적 서정이 가득하고, 다른 시인들보다 유별나게 다채로운 색깔을 시에 묘사하고 있으며, 여러 편의 시에서 불교재제를 적극 수용하고 있음을 확인하였다.

이런 김동석 시인의 첫 시집이 이곳저곳에서 많이 읽혀 독자들의 마음이 순해지고 따뜻하고 밝아지기를 기대한다.